# Plonger avec Nitrox

# Théorie pour la plongée loisir

## - Un livre sur la pratique -

## Nitrox 1

1. édition

# Plonger avec Nitrox

Auteur Karsten Reimer

Traduit de l'allemand par

Francis Collard

et

Frederic Collard

Informations bibliographiques de la Bibliothèque nationale allemande:

La Bibliothèque nationale allemande répertorie cette publication dans la Deutsche Nationalbibliografie; Des données bibliographiques détaillées sont disponibles sur Internet à l'adresse http://dnb.dnb.de.

1. édition mars 2023

Herstellung und Verlag:

BoD – Books on Demand, Norderstedt

ISBN 9783750401761

Toutes les informations contenues dans ce livre ont été rassemblées au mieux de mes connaissances, et sont basées sur des décennies d'expérience dans la formation de plongeurs et d'instructeurs. Mais puisque je ne suis, bien sûr, "que" un humain, des erreurs peuvent toujours s'être glissées, même si ce livre a été lu à plusieurs reprises par de nombreux autres professionnels. Ainsi, si ce livre devait néanmoins contenir des erreurs, je peux au moins transférer une partie du blâme sur d'autres. Je suis convaincu que ce livre ne contient pas d'erreurs graves et ne peut donc pas provoquer d'accidents de plongée. Néanmoins, je décline toute responsabilité, obligation ou garantie, an cas d'accident, que cela soit dû à la lecture de mon livre ou à une inexactitude dans ce livre. Par conséquent, je vous recommande fortement de n'utiliser ce livre que comme complément dans le cadre d'un cours de plongée professionnel dispensé par un moniteur professionnel certifié par une association reconnue **(CMAS ou R.S.T.C.).** Même s'il n'y a pas d'exigences légales pour les plongeurs récréatifs dans certains pays, vous ne devriez pas aller sous l'eau avec un équipement de plongée à air comprimé sans l'aide d'un professionnel. Les noms commerciaux ou marques de commerce protégées, ainsi que les dessins et logos ne sont pas toujours indiqués spécialement. L'absence d'une telle preuve ne permet pas de conclure qu'il s'agit d'un nom de marque gratuit, d'une marque gratuite ou d'un logo d'entreprise gratuit. Assurez-vous de la liberté d'utilisation avant de commettre une violation de la marque, car cela pourrait vous coûter très cher. Toutes les entreprises n'acceptent pas cela sans déposer une plainte, et les entreprises de droit américain infligent souvent des amendes d'un montant astronomique

## Préface

Ce livre est un guide pour acquérir les connaissances théoriques nécessaires à la réussite de l'examen du brevet Nitrox 1. Dans ce livre, le masculin est utilisé pour faciliter l'écriture. Cela ne signifie évidemment pas que seuls les hommes peuvent ou doivent plonger. Il y a même des voix dans le "milieu de la plongée" qui affirment que les femmes sont les meilleures plongeuses (ou plongeurs). Compte tenu de la volonté souvent irresponsable de prendre des risques de la part de mes contemporains masculins, c'est une thèse à laquelle je souscrirais pleinement.

...Bien que...! ☺

*Les plongeurs sont des hommes qui peuvent vivre et travailler sous l'eau ou dans une atmosphère irrespirable.*
*Les plongeurs sont des hommes d'une grande force musculaire, avec des organes sains. Il n'existe pas d'autre profession qui impose des exigences physiques aussi élevées que la profession de plongeur, et pas seulement à l'occasion. Porter un équipement de près de 100 kg hors de l'eau, mettre en mouvement une telle masse lorsqu'on marche sous l'eau, respirer sous une pression qui change rapidement et, point supplémentaire mais non des moindres, effectuer un travail très pénible avec une alimentation en air pas toujours parfaite, nécessite des muscles athlétiques, des poumons sains, un cœur fort et un bon fonctionnement de tous les organes.*
*Les plongeurs sont des hommes de haute puissance spirituelle, d'intellect et de moralité irréprochable. Ils doivent faire face à des dangers si divers, que les exigences les plus élevées sont imposées à leur présence d'esprit et à leur observation. Faire un travail utile et rapide en plongée est en même temps l'art même du plongeur, et ce qui lui confère une grande valeur. Un sens inébranlable du devoir doit le conduire à fournir la solution la plus rapide et la plus efficace à cette tâche en mobilisant toutes les capacités de son corps et de son esprit.*

*Manuel du Plongeur*
*Hermann Stelzner*
*Directeur et Ingénieur en chef de Drägerwerks*
*Lübeck **1931***

C'était peut-être comme ça en 1931. Aujourd'hui, la plongée est possible pour tous les hommes et toutes les femmes. Cependant, la santé reste une exigence importante.

# Contenu

## Plonger avec Nitrox

**Plonger avec Nitrox**

Si nous le considérons scientifiquement, nous avons toujours plongé avec du Nitrox, à savoir du Nitrox 21. Parce que le nombre après le mot Nitrox indique le pourcentage de la teneur en oxygène dans le mélange gazeux. Nitrox est un mot artificiel, composé des deux principaux gaz utilisés.

Azote, **Nitr**ogen en Anglais

et **Ox**ygène,.

Dans le mode on utilise souvent l'abréviation **EAN ou EANx**, pour « **E**nriched **A**ir **N**itrox » .


**Pourquoi devrions-nous plonger si possible avec du Nitrox?**

La plongée avec Nitrox gagne en popularité depuis plus de 20 ans et est l'un des cours les plus demandés dans le monde. Vous pouvez prolonger vos plongées plus longtemps en utilisant le Nitrox comme gaz respiratoire, ou vous pouvez plonger plus en sécurité avec le même temps de plongée qu'avec de l'air comprimé normal, en ce qui concerne la saturation en azote. Même avec plusieurs plongées par jour, les plongées dites répétitives, il y a un effet positif sur la santé lors de la plongée avec Nitrox. Cet effet est dû au fait que lorsque nous plongeons avec du Nitrox, nous absorbons moins d'azote. L'air normal avec lequel nous plongeons habituellement contient environ 78% d'azote et 21% d'oxygène. Les deux gaz se comportent différemment en fonction de la pression ambiante et leurs effets sur le corps humain varient en fonction de la pression à laquelle nous sommes exposés. Les gaz résiduels (1%) (gaz rares, dioxyde de carbone, vapeur d'eau, etc.) sont négligeables.

Plus la pression partielle d'azote est faible, c'est-à-dire la proportion d'azote dans le mélange gazeux total, plus le risque d'accident de décompression et le risque de narcose à l'azote sont faibles.. Cependant, selon les dernières recherches, le risque précédemment supposé réduit de subir une intoxication en profondeur est apparemment le même que dans la plongée avec de l'air comprimé. L'oxygène, inhalé sous pression accrue, a un effet anesthésiant qui n'est donc pas moins dangereux que la narcose à l'azote (vulgo : ivresse des profondeurs). Mais cet effet n'est actuellement évalué que de manière théorique, car aucune étude empirique n'a encore été réalisée.

D'autre part, cependant, la proportion d'oxygène dans notre mélange gazeux détermine la profondeur maximale que nous pouvons atteindre. Plus la teneur en oxygène est élevée, plus la profondeur avec le mélange correspondant est faible. Si vous avez assimilé cette leçon en théorie, et avez réussi le cours Nitrox 1 avec votre Instructeur de plongée, vous pourrez plonger avec une teneur maximale en oxygène de 40% dans le mélange utilisé.

Une fois que vous aurez plongé avec différents gaz, vous pourrez suivre de nombreux autres cours que nos instructeurs IDA proposent.

**IDA Nitrox \*\***

**Gas Blender (Fabrication de mélanges de gaz)**

**SCR (Recycleurs semi-fermés)**

**Trimix\* et \*\*    (Azote, Helium et oxygène)**

**Instructeur Nitrox-Basic (Nitrox-B-TL)**

**Instructeur Nitrox Advanced (Nitrox-TL)**

**Formateur d'Instructeurs Nitrox (Nitrox-TLP)**

**Instructeur Trimix**

**Formateur d'InstructeursTrimix**

Mais maintenant commençons lentement.

Lorsque nous commençons à plonger avec un gaz autre que l'air respirable normal, nous trouvons également de nouveaux termes qui sont dus aux différentes compositions de Nitrox.

Nous les avons résumés et expliqués sur cette pag.

**EAN** Enriched Air Nitrox = Air enrichi Nitrox

**EANx** Enriched Air Nitrox = Air enrichi

**MOD** Maximum Operating Depth = Profondeur maximale

**MOP** Maximum Operating Pressure = Pression maximale

**EAD** Equivalent Air Depth = profondeur à l'air équivalente

**EAP** Equivalent Air Pressure = Pression à l'air équivalente

**Best Mix** = Mélange optimum

**OTU** Oxygen Tolerance Unit = Unité de tolérance à l' $O_2$

**CNS** Central Nervous System = Systeme nerveux central

**CNS $O_2$%** = Tolérance relative à l' $O_2$ pour le SNC

**NOAA** National Oceanic and Atmospheric Administration (USA)

Voici quelques exemples de mélange Nitrox courants :

**Nitrox 32** = 32% $O_2$ + 68% $N_2$ = **EAN 32**

**Nitrox 36** = 36% $O_2$ + 64% $N_2$ = **EAN 36**

**Nitrox 40** = 40% $O_2$ + 60% $N_2$ = **EAN 40**

## IDA recommande une pression partielle maximale d'oxygène (ppO₂) de1,4 bar(pp signifie pression partielle)

Par conséquent, les profondeurs de plongée maximales résultent automatiquement de la teneur en oxygène du mélange gazeux.

32 % donne 0,32 bar de ppO₂ au niveau de la mer.

36 % donne 0,36 bar de ppO₂ au niveau de la mer.

40 % donne 0,40 bar de ppO₂ au niveau de la mer.

A partir d'une pression partielle d'oxygène maximale (pression de gaz) de 1,4 bar, nous obtenons les profondeurs d'eau suivantes. Nous divisons les 1,4 bar ppO2 par la fraction d'oxygène dans le mélange, et obtenons la pression maximale du mélange. en profondeur. On peut ainsi en tirer la profondeur maximale.

**Nitrox 32 (NOAA Nitrox 1) = 4,38 bar correspond à 33,8 mètre**

**Nitrox 36 (NOAA Nitrox 2) = 3,9 bar correspond à 29 mètre**

**Nitrox 40 = 3,5 bar correspond à 25 mètres**

**Nitrox 50 (Safe air) = 2,8 bar correspond à 18 mètres**

 Attention, la fraction d'oxygène dans le mélange n'est pas évidente au premier abord. Il est toujours nécessaire d'analyser le mélange avant de l'utiliser.

De plus les autres organisations ont aussi d'autres mélanges standard.

**Vous devez donc vérifier <u>vous même</u> la teneur en oxygène du mélange utilisé avant chaque plongée! Assurez-vous aussi qu'on n'a pas substitué votre équipement de plongée après l'analyse d'oxygène.**

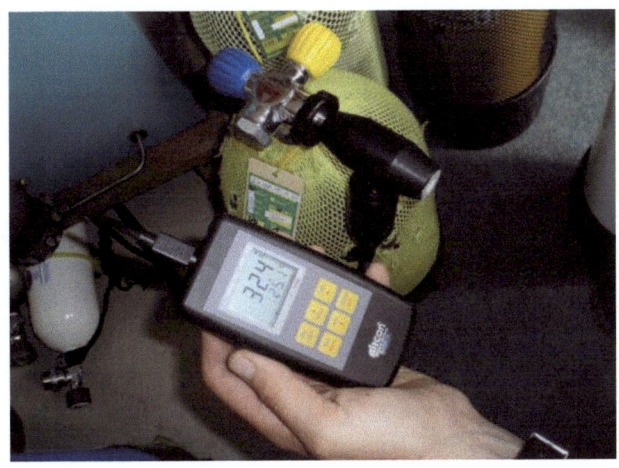

L'analyse de la photo donne une fraction d' **O₂** de 32,4 %!

## Donc Nitrox 32!

Le mélange de gaz doit toujours être mélangé aussi précisément que possible et la différence avec le gaz calculé doit toujours être aussi petite que possible, mais toujours inférieure à 1%, des différences plus importantes peuvent entraîner des accidents ou même la mort. Si vous n'avez pas d'analyseur avec lequel vous avez de l'expérience, demandez les instructions d'utilisation. Vérifiez toujours vous-même la teneur en oxygène de votre mélange respirable!


### Qu'est ce que l'Oxygène?

**L'Oxygène (O₂)**

- est un élément incolore et inodore

- il a une molécule bi-atomique

- point d'ébullition:        -183° C

- poids spécifique        1,429 Kg/m³

- pur , il est iniflamable

- est nécessaire pour le processus de combustion

- il se comporte comme un oxydant

- agit comme un accélérateur d'incendie avec une concentration croissante

# Qu'est ce que l'Azote?

**Azote (N₂)**

- est un élément incolore et inodore

- il a une molécule bi-atomique

- point d'ébullition:       -194,6° C

- poids spécifique       1,25 Kg/m³

- Considéré comme gaz inerte car n'agissant pas au niveau biochimique

# Qu'est ce que le dioxyde de carbone?

**Dioxyde de carbone (CO₂)**

- est une liaison entre 1 atome de C et 2 atomes d'O₂

- est incolore et inodore

- Bien soluble dans les liquides

- point d'ébullition       -78,5° C

- poids spécifique       1,977 Kg/m³

**Les gaz et leurs limites!**

**Oxygène**

$ppO_2$ minimale = 0,16 bar

$ppO_2$ maximale = 1,4 bar

**Azote**

Au-delà d'environ 3,2 bar $ppN_2$, on peut s'attendre à une augmentation des symptômes de narcose (ivresse des profondeurs)

**Dioxyde de carbone**

$PpCO_2$ maximale de 0,05 bar dans le sang artériel (une hypercapnie peut survenir à partir de 0,06 bar $ppCO_2$ , ainsi qu' une syncope due au $CO_2$)

Les pressions partielles de gaz à une profondeur d'eau peuvent être facilement calculées en multipliant la fraction du gaz en question dans le mélange par la pression ambiante à la profondeur considérée.

**Exemple**

32 % d'oxygène représentent une fraction de 0,32 d'oxygène dans le mélange (donc une pression partielle de 0,32 bar à la surface)

A 20 mètres, il règne une pression ambiante de 3,0 bar.

Donc, nous multiplions maintenant la pression ambiante par la fraction du gaz et obtenons ainsi la pression partielle du gaz à cette profondeur spécifique.

0,32 x 3,0 bar = 0,96 bar $ppO_2$

Notre pression partielle d'oxygène à une profondeur d'eau de 20 mètres est de 0,96 bar. Donc bien inférieure à la pression critique.

Nous savons que nous pouvons supporter une pression partielle maximale d'oxygène de1,4 bar. Nous pouvons donc diviser 1,4 bar par 0,32, pour obtenir la pression ambiante maximale autorisée.

1,4 bar divisé par 0,32 donne 4,375 bar

Ces 4,375 bar sont la pression ambiante maximale pour un pourcentage d'oxygène de 32 % dans le mélange

Nous avons une pression ambiante de 4,375 bars à une profondeur de 33,75 mètres. (Nous devons soustraire la pression atmosphérique de 1,0 bar, soit 3,375 bar de pression hydrostatique)

Il en résulte une profondeur de plongée maximale autorisée de 33,75 mètres avec une teneur en oxygène de 32%!

Ce calcul peut être utilisé pour tout mélange gazeux.

Si vous le souhaitez, vous pouvez utiliser la formule suivante.

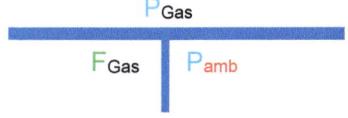

$P_{Gas}$ représente la **Pression** partielle du **gaz**.

$F_{Gas}$ représente la **Fraction** du **gaz** dans le mélange.

$P_{amb}$ représente la **Pression amb**iante.

Cette formule est un moyen mnémotechnique pour calculer les différentes pressions et les fractions de gaz dans le mélange. En horizontal cela indique qu'il faut multiplier, et en sens vertical cela indique qu'il faut diviser les facteurs individuels pour obtenir la valeur que vous recherchez, qui est donnée par le troisième terme

Pression partiellle:          $F_{Gas} \times P_{amb}$ donne $P_{Gas}$

Pression ambiante:      $P_{Gas}$ divisé par $F_{Gas}$ donne $P_{amb}$

Fraction du gaz          $P_{Gas}$ divisé par $P_{amb}$ donne $F_{Gas}$

Quand vous masquez maintenant la grandeur que vous recherchez dans le schéma de formule de la page précédente, le valeur recherchée sera le résultat de l'opération, multiplication ou division,  sur les nombres visibles. Bien sûr, vous ne devrez utiliser cette procédure que si vous souhaitez mélanger vos gaz vous-même et plonger avec ce mélange. Si vous allez plonger avec du Nitrox dans n'importe quel centre de plongée du monde, il suffit d'analyser le contenu de votre propre équipement de plongée avant la plongée. Et si la teneur en oxygène n'est pas correcte, faites-vous remettre une autre bouteille de plongée. Mais, s'il vous plaît, vérifiez-la à nouveau,.

Maintenant quelques exemples de calculs pour comprendre.

**1.** La pression partielle maximale d'oxygène doit être de 1,4 bar. Le mélange contient 28% d'oxygène. Quelle pression ambiante maximale est autorisée?

Nous cherchons donc $P_{amb}$

Pression ambiante:     $P_{Gas}$ divisé par $F_{Gas}$ donne $P_{amb}$

$$\frac{1,4 \text{ bar}}{0,28} = 5 \text{bar}$$

5 bar sont atteint à une profondeur de 40 mètres!

**2.**Mêmes valeurs, mais on cherche la fraction d'oxygène.

Fraction de gaz $\quad$ $P_{Gas}$ divisé par $P_{amb}$ donne $F_{Gas}$

$$\frac{1,4 \text{ bar}}{5 \text{ bar}} = 0,28 \text{ ou encore } 28\% \text{ d'oxygène.}$$

**3.** Encore les mêmes valeurs mais maintenant nous voulons calculer la pression partielle.

Pression partielle $\quad$ $F_{Gas}$ x $P_{amb}$ donne $P_{Gas}$

0,28 x 5 bar = 1,4 bar

Et donc, si vous voulez, vous pouvez calculer toutes les valeurs nécessaires.

## MOD

Signifie Maximum Operating Depth et indique la profondeur maximale autorisée avec un mélange spécifique.

Afin de calculer le MOD, nous devons d'abord obtenir la :

## MOP

calculée. MOP signifie Maximum Operating Pressure et indique la pression ambiante maximale autorisée.

Nous envisageons une plongée test avec 36% d'oxygène.

La pression partielle maximale d'oxygène doit être de 1,4 bar, ce que nous avons maintenant imposé.

Une teneur en oxygène de 36% donne une pression ambiante maximale de

$$\frac{1,4 \text{ bar}}{0,36} = 3,89 \text{ bar}$$

3,89 bar est donc la **MOP**

Puisque nous savons que nous devons toujours soustraire 1 bar de pression de surface pour obtenir la pression hydrostatique, nous soustrayons maintenant 1 bar de 3,89 bar et ainsi obtenir 2,89 bar de pression hydrostatique.

Nous avons une pression d'eau de 2,89 bars à une profondeur de 28,9 mètres. Donc, 28,9 mètres est notre MOD. Nous ne devons pas plonger plus profondément avec ce mélange.

Et maintenant, si vous vous en tenez aux spécifications de profondeur et restez dans les temps sans palier, vous êtes alors doublement du côté de la sécurité.

Et même si jamais vous êtes en difficulté pour le décompression, vous êtes toujours plus en sécurité lorsque vous plongez avec du Nitrox, car vous avez moins d'azote dans votre mélange de gaz respiratoires, mais toujours dans les tables de décompression (par exemple, Deco 2000) qui se basent sur une teneur en azote plus élevée

## Avantages du Nitrox

En théorie, comme vous pouvez le voir en effectuant les calculs appropriés, vous pouvez prolonger les temps de plongée sans palier à une profondeur spécifique (Voir p189 l'explication par l' EAD). Cela n'a pas de sens pour une plongée loisir normale, car vous augmentez alors le risque d'accident de décompression et "jouez" avec l'avantage du Nitrox. À savoir la plus grande sécurité contre un accident de décompression.

Il en va de même pour les temps de palier de décompression, que vous pourriez théoriquement raccourcir si vous effectuez les calculs correspondants.

La teneur réduite en azote de votre air respirable réduit le risque de microbulles. Les microbulles, comme leur nom l'indique, sont des bulles de gaz microscopiques qui se forment réellement à chaque plongée mais ne causent aucun dommage si nous restons dans le temps sans palier ou désaturons correctement.

En raison de la plus faible teneur en azote de votre mélange respirable, votre corps est naturellement moins exposé à l'azote.

De plus, le risque de narcose à l'azote (ivresse des profondeurs) est réduit, du moins théoriquement, ainsi que le risque de subir un accident de décompression.
Il y a aussi des plongeurs qui, après la plongée, et surtout après la deuxième plongée, se sentent plus frais et moins épuisés après avoir plongé avec du Nitrox.
Le Nitrox est le mélange de idéal pour les plongées multiples, c'est-à-dire les plongeurs en vacances avec une frénésie de plongée, de même que les guides de plongée et les instructeurs qui doivent faire plusieurs plongées sur la journée

## Inconvénients du Nitrox

L'expérience a montré que ce qui a des avantages a malheureusement aussi des inconvénients. Bien sûr, cela s'applique également au Nitrox.

- En raison de l'augmentation de la teneur en oxygène, la charge sur le système nerveux central des humains est également plus élevée. Si vous respectez strictement les spécifications de profondeur et ne les dépassez pas, rien ne peut vous arriver. Mais il ne faut pas non plus oublier que certaines personnes ont encore des problèmes avec l'augmentation de la teneur en oxygène. Cela se produit très rarement et vous pouvez également vous habituer à l'augmentation de la teneur en oxygène. Tout comme Reinhold Meßmer s'est habitué à gravir le mont Everest sans oxygène. Cependant, si vous vous sentez mal à l'aise lorsque vous plongez avec du Nitrox, quittez l'eau et préférez plonger à nouveau avec de l'air comprimé. Si vous voulez aller au fond de la cause, vous pouvez vous rendre chez un spécialiste et y subir un test de tolérance à l'oxygène. Malheureusement, l'assurance maladie ne paie pas pour ce test. Mais comme je l'ai dit, cela se produit très rarement.

- Vous ne pouvez pas plonger aussi profondément avec du Nitrox qu'avec de l'air comprimé.

- Votre équipement, en particulier les vannes et les détendeurs, doit être "compatible oxygène", ce qui signifie que des joints spéciaux doivent être utilisés et aucune graisse ne doit être utilisée. L'oxygène et la graisse (graisse de silicone, etc.) sont des ennemis naturels et lorsqu'ils se réunissent, ils peuvent devenir assez bruyants.

- L'oxygène favorise la combustion (oxydation).

- La station de remplissage doit être spécialement conçue.

- Les coûts de gonflage sont augmentés, du moins par l'opérateur de base de plongée.

- La plongée doit être planifiée et calculée très soigneusement. La MOD doit être respecté. Même si l'or de mon trésor, que j'aime toujours citer, en dépend, vous ne devez en aucun cas plonger plus profondément que la MOD ne le permet.

- Avec votre équipement de plongée spécial Nitrox, vous ne pouvez pas vous rendre dans n'importe quelle station de gonflage, car il n'y a pas d'air absolument exempt de graisse et d'huile. Même s'il y a de très petites quantités d'huile dans le mélange, ces petites quantités peuvent s'additionner avec le temps et exploser lorsqu'elles seront en contact avec de l'oxygène pur.

- Vous devriez / devriez toujours plonger avec un ordinateur de plongée compatible Nitrox. La pression partielle d'oxygène maximale (1,4 bar) et le mélange utilisé (EAN 32 ou EAN 36) doivent toujours être introduits ou vérifiés avant la plongée.

- Dans certains pays de l'UE, un filetage spécial de connexion du détendeur (M26 x2) est obligatoire.

- Les élément utilisés (détendeur, bouteilles, inflateurs) doivent être contrôlés et nettoyés une fois par an afin de détecter et d'éliminer l'accumulation de graisse ou d'huile

- Vous pouvez aussi faire de la plongée en montagne avec votre mélange Nitrox (plongée en altitude), c'est-à-dire à des hauteurs ≥ 300 mètres. Cependant, comme il n'y a pas de données validées à ce sujet, vous devez plonger comme si vous plongiez à l'air.

La National Oceanic and Atmosperic Administration (NOAA) dit qu'on peut utiliser un équipement normal, sans modification, avec des Nitrox jusqu'à 40% d'oxygène. Cette directive est d'application aux États-Unis depuis de nombreuses années et a fait ses preuves. Cependant, il existe d'autres normes en Europe. En Allemagne, par exemple, tout mélange gazeux contenant plus de 21% d'oxygène doit être traité comme de l'oxygène pur. Cependant, il ne faut pas oublier que des explosions sont possibles pendant le processus de remplissage et de mélange, si le remplissage est effectué en utilisant la méthode de la pression partielle avec des huiles et/ou des graisses qui ne sont pas compatibles avec l'oxygène dans l'équipement de plongée. La méthode de remplissage sous pression partielle utilise de l'oxygène pur (100%), de sorte que seuls les équipements de plongée « compatible oxygène » peuvent être remplis en utilisant cette méthode.

## Aspects Médicaux de la plongée au Nitrox

Que se passe-t-il si nous dépassons la MOD (profondeur maximale de plongée, profondeur maximale lors de l'utilisation d'un mélange de gaz Nitrox spécifique)?

Si nous dépassons cette limite de profondeur, une hyperoxie se produit. Hyper signifie trop et Oxie représente l'oxygène. Cela signifie simplement trop d'oxygène. Dans ce cas, trop de pression partielle d'oxygène. Comme déjà mentionné, nous devons éviter une pression partielle d'oxygène supérieure à 1,4 bar. Mais, comme c'est parfois le cas, le risque nous excite et ne voyons pas où sont nos limites. C'est tout à faitt humain et donc souvent stupide.

Dès 1878, Paul Bert a découvert que l'oxygène, respiré sous une pression élevée, est toxique pour l'organisme. Cette augmentation de la pression partielle d'oxygène a un effet narcotique sur le **S**ystème **N**erveux **C**entral (SNC ou CNS en anglais). Cet effet est également appelé effet Paul Bert en l'honneur de M. Bert.

Que nous arrive-t-il exactement si nous respirons de l'oxygène avec une pression partielle de plus de 1,4 bar?

Deux choses arrivent à notre corps en même temps.

### Symptome N°. 1

### Troubles du système nerveux central (SNC) Effet Paul Bert

### Mot clé : CENTAVIVO

Non, ce n'est pas un surnom pour les effets, mais une abréviation que les assistants instructeurs de plongée apprécient particulièrement lorsqu'ils passent leur examen d'instructeur de plongée, car cela aide à répertorier les effets de l'augmentation de la pression partielle d'oxygène sur le système nerveux (système nerveux central du SNC)

## Effets neurotoxiques de l'hyperoxie

**C** onvulsion
**E** uphorie
**N** ausées, malaises
**T** remblements, crampes
**A** nxiété
**V** ertiges
 **I** rritabilité
**V** ision „tunnel"
**O** reilles: troubles auditifs, tintements

Si nous le constatons nous-mêmes, il faut remonter de plusieurs mètres immédiatement. Il est préférable de sortir de l'eau avoir effectué les paliers de sécurité. **Conclusion**: Assurez-vous absolument, surtout lorsque vous utilisez du Nitrox, que vous ne dépassez jamais la pression partielle d'oxygène de 1,4 bar.

La limite générale de tolérance à l'oxygène chez l'homme est une pression partielle d'oxygène de 1,82 bar et un temps d'exposition d'une minute. Ceci est moins important pour nous les plongeurs amateurs, mais le collègue qui gère la chambre de pression, si nous avons mal calculé nos paliers, doit le savoir (les traitements dans la chambre de recompression commencent généralement avec 100% d'oxygène à 18 mètres de profondeur d'eau simulée).. Le patient est allongé et reçoit de l'oxygène pur pendant 20 minutes, puis il y a une pause de 5 minutes à l'air. Le problème d'une crise est acceptable parce que le patient a généralement de plus gros problèmes qu'une crise dans un environnement contrôlé. (Remarque du gestionnaire de la chambre de recompression).

### Symptome N°. 2

### Effet sur les poumons appelé aussi effet Lorraine-Smith.

L'oxygène est un gaz très réactif et a la propriété d'endommager les alvéoles sous une pression d'oxygène accrue et un long temps d'exposition. Les symptômes de cette surpression d'oxygène sont:

- dommages au tissu pulmonaire (alvéoles)

- irritation de la muqueuse du pharynx

- Yeux brûlants et piquants

- toux insatiable

- Peut-être inconscience

- Hypoxie (manque d'oxygène) due à des dommages aux alvéoles

Dans le pire des cas, l'augmentation de la pression partielle d'oxygène peut provoquer l'éclatement des alvéoles. Cela réduit la surface des poumons, ce qui est essentiel pour l'échange de gaz, ce qui se traduit par une absorption d'oxygène et une émission de dioxyde de carbone réduites. Si cette "capacité" d'oxygène est à ce point insuffisante, l'efficacité de la surface des poumons peut être tellement réduite que la personne suffoque.

Et si vous croyez maintenant **que vous pouvez plonger indéfiniment tant que vous ne dépassez pas la pression partielle d'oxygène de 1,4 bar**, vous avez malheureusement tort. Du moins d'un point de vue médical. Car le temps que vous pouvez rester sous cette pression sans que vous en subissiez des dommages est de **153 minutes** et avant cela, vous aurez presque certainement froid ou soif. Voir ci dessous les OTU.

## Que signifie OTU?

L'Oxygen Tolerance Unit (précédemment Oxygen Toxicity Unit), en abrégé OTU, est une valeur qui indique les unités d'oxygène permises. Une unité est fonction de la quantité (pression partielle) d'oxygène dans le mélange de gaz respiratoire et de la pression (pression ambiante) sous laquelle nous respirons ce mélange. Les deux valeurs combinées donnent l'OTU et nous indiquent, selon le tableau, combien d'unités nous pouvons consommer en toute sécurité.

Par exemple, vous pouvez inhaler un mélange de gaz respiratoire à faible teneur en oxygène et à basse pression ambiante sur une longue période sans subir de dommages. Vous pouvez le constater du fait que nous pouvons respirer les 21% d'oxygène contenus dans notre air de respiration normal pendant très longtemps, à savoir toute une vie, sans subir de dommages excessifs.

Cependant, si nous augmentons maintenant la proportion d'oxygène dans notre air respiratoire par exemple 50%, le temps que nous pouvons respirer dans ce mélange sans subir de dommages est considérablement plus court. Si nous augmentons maintenant la proportion d'oxygène à 100% et respirons ce gaz, cela cause après plusieurs jours des dommages au corps, mais les médecins ne sont apparemment pas vraiment tous d'accord,.

Si nous augmentons maintenant la pression, c'est-à-dire multiplions le potentiel dommageable de l'oxygène en le comprimant, par exemple en submersion, le temps que nous pouvons inhaler ce gaz respiratoire en toute sécurité est réduit à quelques heures voire quelques minutes.

**Remarque:** Plus la proportion d'oxygène dans le mélange de gaz respiratoire est élevée et plus la pression sous laquelle nous inhalons ce mélange est élevée, plus ce gaz est nocif pour notre corps.

Le tableau suivant montre quelle pression partielle d'oxygène (PO2 ou ppO2) vous pouvez respirer en toute sécurité et pendant combien de temps vous pouvez le faire. IDA recommande toujours de rester en dessous de 700 unités (OTU) par jour. Nous reviendrons au CNS plus tard, mais là aussi, seulement 80% d'accumulation autorisée d'oxygène dans le SNC doit être utilisé pour éviter les dommages. Si vous partez en vacances de plongée plus longues et que vous plongez avec du Nitrox tous les jours, vous devez garder à l'esprit que les effets nocifs de l'oxygène respiré sous une pression accrue s'additionnent. Pour cette raison, la valeur OTU tolérable quotidiennement est réduite chaque jour. À partir du 7ème jour, vous devriez faire une pause plongée d'une journée. De plus, vous devez prendre au moins une heure de pause en surface entre les plongées successives par jour. Si vous êtes autorisé à consommer 700 OTU le premier jour, la valeur maximale tolérable des OTU pour les jours suivants est réduite comme suit

**2e jour : 620 OTU**

**3e jour : 525 OTU**

**4e jour :  460 OTU**

**5e jour :  420 OTU**

**6e jour :  380 OTU**

**7e jour :  300 OTU**

**Pause de plongée**

**(faites une activité en famille)**

| PO₂ (bar) | OTU (1/min.) | CNS (%/min.) | Dive Time max. (min.) |
|---|---|---|---|
| 0,50 | 0,00 | 0,00 | > |
| 0,60 | 0,26 | 0,14 | 714 |
| 0,64 | 0,35 | 0,15 | 666 |
| 0,66 | 0,39 | 0,16 | 625 |
| 0,68 | 0,43 | 0,17 | 588 |
| 0,70 | 0,47 | 0,18 | 555 |
| 0,74 | 0,54 | 0,19 | 526 |
| 0,76 | 0,58 | 0,20 | 500 |
| 0,78 | 0,62 | 0,21 | 476 |
| 0,80 | 0,65 | 0,22 | 454 |
| 0,82 | 0,69 | 0,23 | 434 |
| 0,84 | 0,73 | 0,24 | 416 |
| 0,86 | 0,76 | 0,25 | 400 |
| 0,88 | 0,80 | 0,26 | 384 |
| 0,90 | 0,83 | 0,28 | 357 |
| 0,92 | 0,87 | 0,29 | 344 |
| 0,94 | 0,90 | 0,30 | 333 |
| 0,96 | 0,93 | 0,31 | 322 |
| 0,98 | 0,97 | 0,32 | 312 |
| 1,00 | 1,00 | 0,33 | 303 |
| 1,02 | 1,03 | 0,35 | 285 |
| 1,04 | 1,07 | 0.36 | 277 |
| 1,06 | 1,10 | 0,38 | 263 |
| 1,08 | 1,13 | 0,40 | 250 |
| 1,10 | 1,16 | 0,42 | 238 |
| 1,12 | 1,20 | 0,43 | 232 |
| 1,14 | 1,23 | 0,43 | 232 |
| 1,16 | 1,26 | 0,44 | 227 |
| 1,18 | 1,29 | 0,46 | 217 |
| 1,20 | 1,32 | 0,47 | 212 |
| 1,22 | 1,35 | 0,48 | 208 |
| 1,24 | 1,38 | 0,51 | 196 |
| 1,26 | 1,42 | 0,52 | 192 |
| 1,28 | 1,45 | 0,54 | 185 |
| 1,30 | 1,48 | 0,56 | 178 |
| 1,32 | 1,51 | 0,57 | 175 |
| 1,34 | 1,54 | 0,60 | 166 |
| 1,36 | 1,57 | 0,62 | 161 |
| 1,38 | 1,60 | 0,63 | 158 |
| 1,40 | 1,63 | 0,65 | 153 |
| 1,42 | 1,66 | 0,68 | 147 |
| 1,44 | 1,69 | 0,71 | 140 |
| 1,46 | 1,72 | 0,74 | 135 |
| 1,48 | 1,75 | 0,78 | 128 |
| 1,50 | 1,78 | 0,83 | 120 |
| 1,52 | 1,81 | 0,93 | 107 |
| 1,54 | 1,84 | 1,04 | 96 |
| 1,56 | 1,87 | 1,19 | 84 |
| 1,58 | 1,89 | 1,47 | 68 |
| 1,60 | 1,92 | 2,22 | 45 |
| 1,62 | 1,95 | 5,00 | 20 |
| 1,65 | 2,00 | 6,25 | 16 |
| 1,67 | 2,03 | 7,69 | 13 |
| 1,70 | 2,07 | 10,00 | 10 |
| 1,72 | 2,10 | 12,50 | 8 |
| 1,74 | 2,13 | 20,00 | 5 |
| 1,76 | 2,15 | 25,00 | 4 |
| 1,78 | 2,18 | 33,33 | 3 |
| 1,80 | 2,21 | 50,00 | 2 |
| 1,82 | 2,24 | 100,00 | 1 |
| IDA CNS / OTU chart based on NOAA | | | |

## Exemple

### Pression partielle d'Oxygène 1,4 bar.

Maintenant, regardez dans le tableau de la colonne de gauche et recherchez la PO2 1,4 bar. Vous la trouverez dans la partie droite du tableau à la onzième ligne. Sur la droite, vous trouverez 1,63, qui indique la valeur OTU par minute à cette pression partielle. À l'extrême droite de cette ligne, vous trouverez le temps maximum en minutes pour plonger avec cette pression partielle d'oxygène, soit 153 minutes. Ces 153 minutes indiquent la durée maximale pendant laquelle vous pouvez plonger à cette pression partielle d'oxygène pendant toute la plongée

Si vous restez sous l'eau pendant seulement 60 minutes à cette pression partielle d'oxygène (1,4 bar), multipliez le 1,63 par le temps de plongée en minute

### 60 x 1,63 ainsi vous aurez une valeur d'OTU de 97,8

Cela signifie que vous êtes bien en dessous du maximum autorisé de 700 OTU par jour que IDA recommande.

Par conséquent, vous pouvez faire une autre plongée avec cette pression partielle le même jour sans aucun problème. D'autant plus que l'intervalle de surface a un autre effet positif grâce à la récupération du corps.

Si vous réduisez la pression partielle d'oxygène, vous aurez également beaucoup moins d'OTU par minute

### Exemple

### Mélange respiratoire Nitrox 34

La fraction d'oxygène est de 0,34

A une profondeur de 20 mètre la pression ambiante est de 3 bar

La durée de plongée est de 60 Minutes

0,34 x 3 bar donne une pression partielle d'oxygène de1,02 bar. une lecture du tableau donne une OTU de 1,03 par minute. Dans la colonne de droite, nous pouvons aussi lire le temps de plongée maximum possible de 285 minutes

Pour les OTU de cette plongée, nous devons ajouter 1,03 fois le temps de plongée en minutes, soit 60 minutes

**1,03 x 60 donne 61,8 OTU**

Donc, seulement 61,8 OTU doivent être pris en compte ici.

Sur la base de ces calculs, vous pouvez voir que sans avoir à calculer, avec un mélange nitrox de 32 ou 36% d'oxygène, vous pouvez rester sous l'eau pendant presque des heures sans nuire à votre corps. Mais même si la valeur maximale ≤ 700 OTU par jour est à peine atteinte dans la pratique, vous ne devez jamais perdre de vue cette valeur pour votre santé.

| Maximum Limit $O_2$-Exposition | | | | | | | | | | | |
|---|---|---|---|---|---|---|---|---|---|---|---|
| $O_2$ – Partial Pressure (bar) | 1,6 | 1,5 | 1,4 | 1,3 | 1,2 | 1,1 | 1,0 | 0,9 | 0,8 | 0,7 | 0,6 |
| Single Exposition (min) | 45 | 120 | 150 | 170 | 210 | 230 | 300 | 350 | 450 | 550 | 710 |
| 24 h – Exposition (min) | 150 | 180 | 180 | 210 | 240 | 270 | 300 | 350 | 450 | 550 | 710 |

Le tableau ci-dessus donne combien de temps vous pouvez rester à une pression partielle d'oxygène donnée sans endommager le SNC votre corps.

Exemple: pression partielle d'oxygène 1,4 bar.

Une plongée peut durer au maximum 150 minutes. Dans les 24 heures, vous pouvez respirer une pression partielle d'oxygène de 1,4 bar pendant 180 minutes maximum. Par exemple 3 plongées de 60 minutes chacune.

En effet, l'oxygène, respiré sous une pression élevée, a un effet négatif sur notre système nerveux central (SNC), dont nous devons toujours tenir compte. Vous trouverez également un facteur par minute dans le tableau pour calculer cela, plus précisément dans la troisième colonne. Cette valeur indique le pourcentage par minute de la dose d'oxygène hyperbare tolérée par le SNC c'est-à-dire le pourcentage de la quantité maximale d'oxygène à une pression partielle donnée (pression de gaz), que vous êtes autorisé à inhaler par minute sans nuire à votre système nerveux central.

## Exemple

### Pression partielle d'oxygène : 1,4 bar

Vous regardez à nouveau dans la colonne de gauche et recherchez la pression partielle d'oxygène de 1,4 bar. Ensuite, déplacez-vous vers la droite sur la même ligne jusqu'à ce que vous vous trouviez dans la troisième colonne avec le CNS% / minute.

Vous y trouverez le nombre 0,65. Notez le.

Maintenant, vous faites votre plongée à une pression partielle d'oxygène de 1,4 bar et restez sous l'eau pendant 60 minutes. Vous savez que selon le tableau, pour chaque minute où vous plongez sous cette pression partielle , vous devez multiplier chaque minute par 0,65%. De plus, vous savez que vous ne pouvez pas dépasser 80% par jour de plongée.

Fraction: 60 minutes x 0,65 = 39% de la durée maximum

## Exemple

### Nitrox 32

Maintenant, nous ne plongeons pas avec une pression partielle d'oxygène de 1,4 bar mais on utilise du Nitrox 32 avec une teneur en oxygène de 32% et on ne va pas jusqu'à une profondeur où la pression partielle d'oxygène de 1,4 bar peut être atteinte.

Disons que nous allons à une profondeur de 20 mètres et y restons pendant 60 minutes.

Avec le Nitrox 32, nous avons une pression partielle d'oxygène de 3 bar x 0,32 = 0,96 bar à une profondeur de 20 mètres

Nous regardons dans le tableau à 0,96 bar et trouvons 0,32 de CNS% / minute.

Nous multiplions donc les 60 minutes par la valeur 0,32, et nous obtenons 19,2 comme résultat.

Ainsi, avec cette plongée, nous avons atteint 19,2% de l'apport maximum d'oxygène pour cette journée de plongée.

En théorie, nous pourrions faire 4 plongées de ce type en une journée sans crainte de dommages au système nerveux central.

En respectant des intervalle de surface plus longs (OFP), on peut également réduire encore la contrainte sur notre SNC.

| Reduction factor for surface breaks | | | | | | | | | | |
|---|---|---|---|---|---|---|---|---|---|---|
| Surface break (min) | 0 | 30 | 60 | 90 | 120 | 150 | 180 | 240 | 300 | 360 | 540 |
| CNS-Faktor | 1 | 0,8 | 0,63 | 0,5 | 0,4 | 0,31 | 0,25 | 0,16 | 0,1 | 0,06 | 0 |

Pour ce faire, prenez le temps de votre intervalle en surface, disons 2 heures (120 minutes), puis examinez le facteur qui est en dessous. Donc 0,4. Selon la plongée ci-dessus, vous aviez une charge CNS de 19,2% par rapport à la plongée précédente. Multipliez ces 19,2% par 0,4, puis vous obtenez 7,68%. Vous avez donc réduit la charge sur votre CNS de 19,2% à 7,68% car vous avez pris 2 heures de repos en surface. Cela affecte maintenant la prochaine plongée, car l'apport total d'oxygène par jour est autorisé jusqu'à 80%. Mais vous ne pouvez décider par vous-même si vous souhaitez aller jusqu'à la limite des dommages possibles de cette manière.

Voici une astuce pour tous ceux qui n'ont pas envie de regarder constamment les tables et de faire les calculs eux-mêmes. Soit toujours restez avec votre Instructeur de plongée, car ces experts savent exactement combien de temps et à quelle profondeur vous pouvez plonger sans crainte de dommages. Ou bien, vous investissez dans un bon ordinateur de plongée. Avec ceux ci, vous entrez simplement la limite de pression partielle d'oxygène de 1,4 bar, si cela n'a pas déjà été fait en usine et vous introduisez également la teneur en oxygène de votre mélange gazeux. Le reste est ensuite pris en charge par l'ordinateur et il vous garantit ainsi que rien de dangereux ne vous arrive.

À condition de toujours garder un œil sur les écrans et les avertissements de l'ordinateur, si votre ordinateur tombe en panne pendant la plongée, vous devez immédiatement remonter à une profondeur de 5 mètres et y rester pendant au moins 5 minutes avant de sortir de l'eau. Un deuxième ordinateur de plongée (redondance) serait également une solution si vous souhaitez être en toute sécurité.

Nous arrivons maintenant à un autre avantage du Nitrox, qui est particulièrement apprécié par ceux qui plongent longtemps et / ou plusieurs fois au cours d'une journée. Ces personnes incluent les plongeurs très ambitieux ainsi que les instructeurs de plongée, les plongeurs de recherche et les plongeurs professionnels.

L'acronyme est EAD. EAD signifie Equivalent Air Depth, ou mieux en français, Profondeur Equivalente à l'Air. Si nous calculons l'EAD avant chaque plongée, nous pouvons, si nécessaire, désaturer selon la table de déco pour l'air (Deco 2000). Cependant, l'effet positif de la réduction du risque d'accident de décompression est perdu.

La bonne chose en ce qui concerne le Nitrox est que la teneur en azote de notre mélange gazeux est inférieure à celle de l'air respirable normal. Cela signifie que nous absorbons également moins d'azote et avons un avantage en termes de temps sans palier et également lorsque des paliers de décompression sont nécessaires.

Si nous avons moins d'azote dans notre mélange de gaz respiratoires, nous atteignons la pression partielle d'azote "critique" plus tard que le plongeur à air comprimé.

Lorsque vous plongez avec du Nitrox, l'EAD est **toujours** inférieure à la profondeur réelle. Nous avons donc **toujours** un temps sans palier plus long.

**Exemple**

**Nitrox 32**

32 pourcents d'Oxygène et 68 % d'Azote.

Profondeur atteinte 20 mètres, donc 3 bar.

Nous devons maintenant déterminer le rapport des fractions d'azote dans les deux cas, car celles ci ont une influence significative sur la décompression.

Nous appelons ce rapport le facteur équivalent ou EF (Equivalent Factor EF).

$$EF = \frac{\text{Fraction d'azote du Nitrox}}{\text{Fraction d'azote de l'air}} = \frac{0,68}{0,79} = 0,86$$

**EF est donc 0,86**

Nous multiplions maintenant cette valeur par la pression à la profondeur de plongée réelle et obtenons la pression équivalente (EAP).

0,86 x 3 bar = 2,58 bar (EAP)

2,58 bar de pression ambiante représente une profondeur de 15,8 Metres (EAD).

Regardons maintenant dans la table Deco 2000 et nous lisons, dans la colonne de 18 mètres, un temps sans palier de 45 minutes. Si nous avions effectué cette plongée avec de l'air comprimé, nous aurions dû lire dans la colone de 21 mètres et donc avoir un temps sans palier de seulement 31 minutes.

Donc, en utilisant le Nitrox 32, nous avons un temps sans palier prolongé de 14 minutes.

Maintenant, nous prenons un mélange de Nitrox 40 pour la même plongée. Calcul de l' EF comme précédemment.

EF = 0,76

0,76 x 3 bar = 2,28 bar (EAP)

Donc EAD est de 12,8 mètres

Nous lisons la table dans la colonne 15 mètres et là nous obtenons un temps sans palier de 72 minutes.

Par rapport à l'air comprimé, nous avons un avantage de temps sans palier de 41 minutes.

Vous devez décider vous-même si c'est une option pour vous ou non. Cependant, vous devez toujours avoir sur vous un ordinateur compatible Nitrox pour éviter les accidents. Personne ne vous empêche de calculer vos plongées à l'avance et de prendre des notes sur votre ardoise. Les ordinateurs de plongée d'aujourd'hui ne tombent généralement en panne que peu souvent, mais si cela se produit, vous êtes bien préparé si vous y avez pensé auparavant.

## Technique et Equipements

La proportion d'oxygène dans le mélange nitrox est, en règle générale, significativement plus élevée que dans l'air respirable normal.

L'oxygène est un gaz oxydant et il favorise la combustion, donc cela s'applique également au Nitrox.

Les mélanges de Nitrox ne peuvent être produits que par des personnes qualifiées et en utilisant des équipements de remplissage spéciaux (compresseurs et bouteilles tampon ou systèmes à membrane). Ne préparez jamais vos propres mélanges de gaz sans avoir été formé à le faire. IDA vous propose le cours de préparateur de gaz.

Plus la pression partielle d'oxygène dans le mélange est élevée, plus la réaction d'incendie ou d'explosions est violente, car l'oxygène est un gaz fortement oxydant.

En Allemagne, il est légalement imposé qu'un mélange gazeux contenant plus de 21% d'oxygène doit être traité comme de l'oxygène pur. Dans d'autres pays, cette règle n'est pas aussi stricte.

Ces spécifications ont une conséquence sur notre équipement de plongée

### Il doit être utilisable à l'oxygène.

Les pièces de l'équipement sont utilisables avec l'oxygène si elles sont compatibles avec l'oxygène et nettoyées pour l'usage à l'oxygène.

L'équipement de plongée normal doit être spécialement nettoyé pour l'usage avec du Nitrox avant utilisation. Ce processus est appelé "cleaning" dans le langage courant, qui est bien sûr de nouveau de l'anglais et signifie « nettoyage ». **Ce nettoyage ne peut être effectué que par du personnel spécialisé,** car toutes les parties de l'équipement qui entrent en contact avec une teneur en oxygène accrue ou de l'oxygène pur doivent être absolument propres. Après le nettoyage, le spécialiste appose un autocollant sur la bouteille (Nitrox Clean ou Oxygen Clean) qui confirme l'adéquation de l'appareil de plongée pour le Nitrox. Il en va de même pour le détendeur, le gilet de stabilisation ainsi que la combinaison étanche. Il en va de même pour toute pièce entrant en contact direct avec le gaz et pouvant éventuellement contenir des résidus d'huile ou de graisse. Avant de «nettoyer» votre équipement, assurez-vous que le fabricant de votre équipement l'a également prévu pour une utilisation avec du Nitrox. , Ce n'est pas toujours le cas. Certains fabricants de détendeurs proposent des détendeurs spécifiquements Nitrox et de cette façon des équipements adéquats Nitrox peuvent être achetés départ usine. Dans ce cas, le premier traitement de "cleaning", ou nettoyage, peut être omis.

**Ne sont pa compatible oxygène :**

Plaqué au Titane ou Titane, Zinc, Neoprène ou lubrifiants (huile, graisse, silicone)

**Sont compatibles oxygène**:

Cuivre, Teflon, O-ring en Viton ou EPDM, lubrifiants spéciaux (Voltalef, Krytox, Fonblin, Tribolub)

Notre matériel est nettoyé oxygène s'il est absolument propre et sans impuretés, notamment dans la zone haute pression (Bouteille, robinet, détendeur). Les huiles et graisses (lubrifiants sauf les spéciaux cités ci-dessus), les particules de rouille, les savons et les nettoyants de toutes sortes sont considérés comme des contaminants.
La bouteille, les détendeurs et les robinets doivent être révisés par un revendeur spécialisé une fois par an, cette révision doit être confirmée par le revendeur spécialisé au moyen d'un autocollant (Nitrox Clean ou Oxygen Clean). La bouteille doit être

étiquetée avec un autocollant spécial ou une peinture spéciale en tant que bouteille pour Nitrox, afin qu'elle ne soit pas accidentellement remplie dans une station de gonflage d'air comprimé normale. La peinture ou l'autocollant doivent être grand, idéalement sur tout le pourtour pour qu'il soient bien visibles.

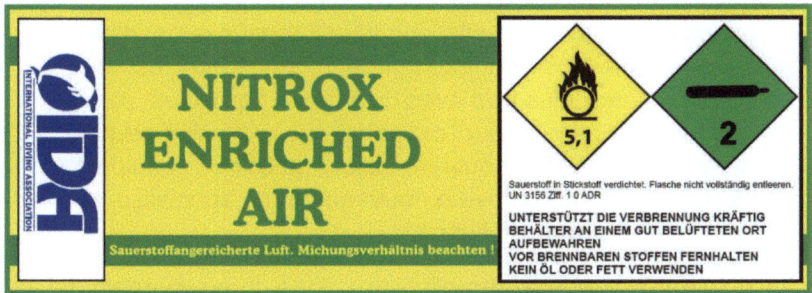

Le raccord fileté du détendeur, qui est de 5/8" lorsque vous utilisez de l'air respirable normal, doit, lorsque vous utilisez du Nitrox être du M26x2, afin qu'un raccordement incorrect puisse être exclu. Une robineterie spéciale de bouteille est donc nécessaire et le détendeur doit également être doté d'un volant différent pour le raccordement à la bouteille après le nettoyage. Cependant, il est préférable d'acheter simplement un nouvel équipement compatible Nitrox.Ainsi vous serez du côté de la sécurité.

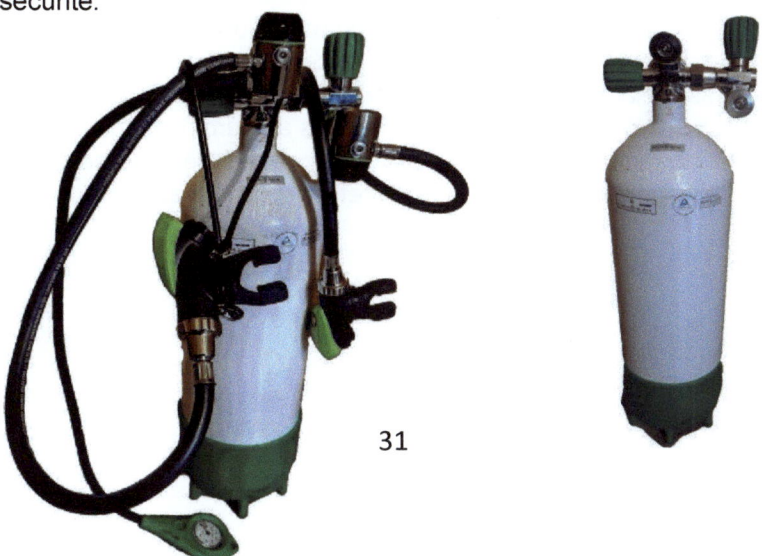

**Remarque:** Une station de remplissage pour Nitrox offre un remplissage sans huile, sinon cela peut entraîner des explosions. Cela signifie que tout équipement de plongée non compatible Nitrox» peut également y être rempli d'air comprimé normal. En contrepartie, un appareil de plongée au Nitrox, qui est utilisé exclusivement pour l'utilisation de gaz enrichis, ne doit jamais être rempli dans une station normale de remplissage d'air comprimé, car aucun remplissage absolument exempt d'huile ne peut y être garanti. Si l'équipement de plongée qui y est rempli doit être rechargé plus tard avec du Nitrox et qu'il n'est pas préalablement nettoyé pour l'oxygène, une explosion peut se produire. Si on devait à nouveau utiliser du Nitrox, l'équipement de plongée doit être nettoyé à nouveau par un spécialiste avant de pouvoir être rempli de Nitrox.

Il existe deux façons de remplir Nitrox dans un équipement de plongée. Avec la **méthode dite de la pression partielle**, de l'oxygène pur est d'abord introduit dans la bouteille de plongée, puis complété à l'air normal, après quoi le mélange doit reposer pendant au moins 12 heures pour assurer un mélange optimal. Manipuler de l'oxygène pur est très dangereux, car l'oxygène est un gaz très réactif et certaines installations de compresseurs ont perdu leur toit en raison d'une mauvaise manipulation de l'oxygène pur. Si rien de pire ne s'est produit!.

L'utilisation de systèmes à membrane spéciale capables de filtrer l'azote de l'air que nous respirons est moins dangereuse et donc «à la pointe de la technologie». Avec ces systèmes à membrane, tous les mélanges Nitrox courants avec une teneur en oxygène allant jusqu'à 40% peuvent être produits aujourd'hui sans le risque de manipuler avec de l'oxygène pur. Le mélange peut ensuite être utilisé immédiatement et ne doit pas reposer.

## Système à „membrane"

Le Nitrox est produit en extayant l'azote de l'air. .

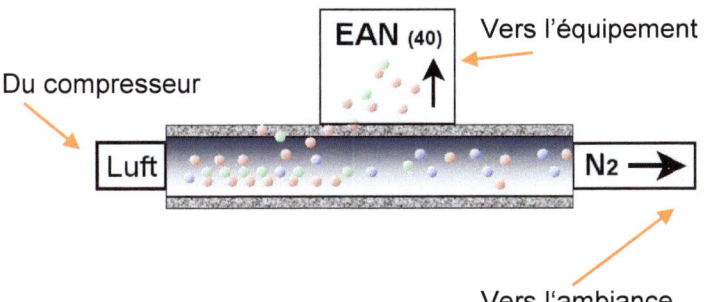

Du compresseur

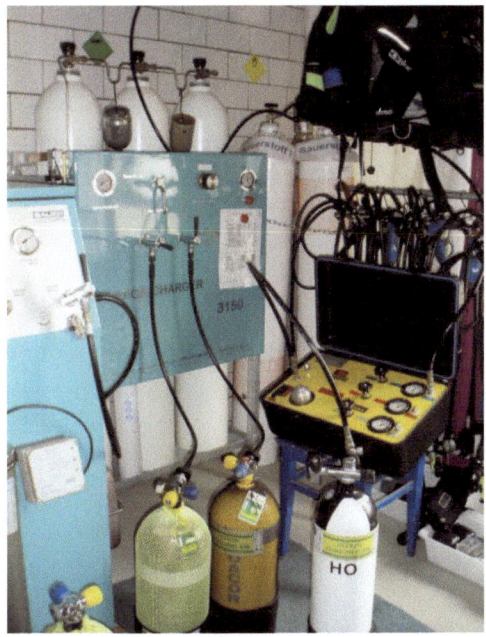

Exemple de photo d'une installation de remplissage Nitrox

**Avant de plonger, il faut veiller aux points suivants:**

- Mon partenaire plonge-t-il avec du Nitrox? Quel mélange utilise-t-il et quelle profondeur maximale (MOD) pouvons-nous aller?

- Si mon partenaire plonge à l'air, je dois signaler que je plonge avec Nitrox et lui dire les conséquences de cela. (Profondeur maximale, avantages pour une décompression possible (EAD), temps fond plus longs, moins de risque de narcose à l'azote. Faire le briefing en conséquence.

- Le mélange gazeux doit être analysé immédiatement avant la plongée et la teneur en oxygène doit être notée sur l'étiquette de la bouteille. Si on n'a pas d'autocollant Nitrox illustré dans les pages précédentes, une bande de ruban adhésif est généralement utilisée comme autocollant peu coûteux de bouteille individuelle. Les informations suivantes doivent être notées sur cette autocollant: pourcentage d'oxygène, profondeur maximale autorisée avec ce mélange, nom de l'analyseur et date de l'analyse. Pour des raisons juridiques, ces données doivent également être notées dans un journal de bord spécial de remplissage.

Avant de tester l'analyseur au nitrox étalonner l'air comprimé.

(ici 20,9 % O2)

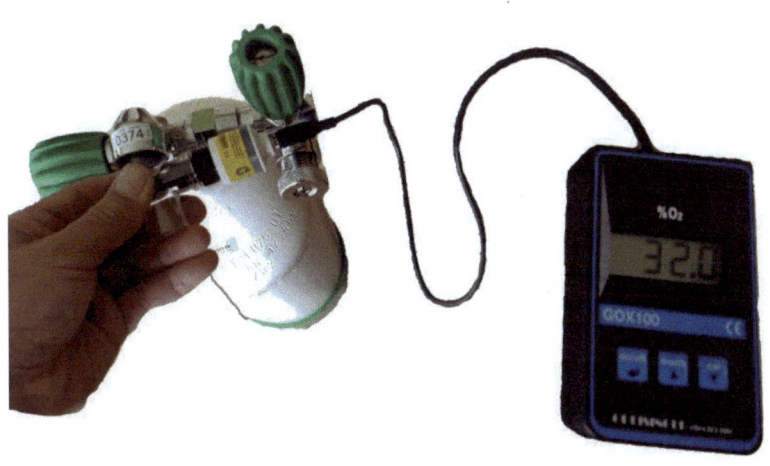

Nitrox 32, parfaitement mélangé

Puis marquer le bouteille d'air comprimé

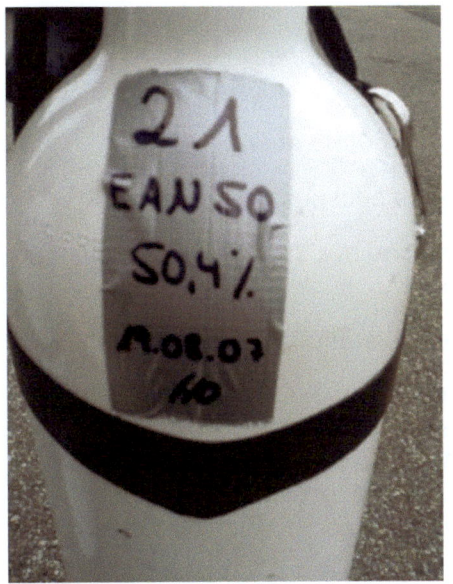

**Peut être fait**

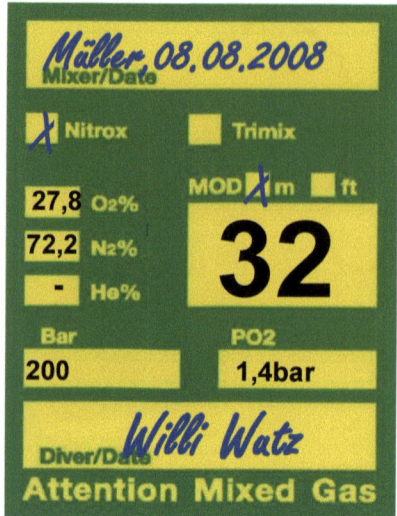

**Ceci, c'est mieux!**

- L'ordinateur de plongée doit être réglé sur le bon mélange.

- L'ordinateur de plongée doit être réglé sur la pression partielle maximale d'oxygène de 1,4 bar. Ce paramètre est souvent déjà installé en usine

**Pendant la plongée, veiller aux points suivants:**

- MOD (Profondeur maximale) ne peut pas être dépassée.

- Controller le compagnon pour une éventuelle intolérance à l'oxygène s'il plonge au Nitrox.

- Contrôle personnel pour une intolérance à l'oxygène.

- Si votre moniteur de plongée a déposé une bouteille de sécurité à une profondeur de 5 mètres afin de permettre aux plongeurs à court d'air de faire des paliers en toute sécurité, faites attention au contenu de cette bouteille. Le gaz respiratoire dans cette bouteille doit toujours avoir la même composition que le gaz respiratoire que vous utilisez. Si cette bouteille de plongée de sécurité contient un mélange plus riche en oxygène que votre propre équipement de plongée, cela est relativement peu critique, car il n'affecte pas les plongées suivantes et, le cas échéant, seulement positivement en ce qui concerne la décompression. L'exposition supplémentaire à l'oxygène (OTU / CNS) est négligeable pour un palier de déco de quelques minutes. Cependant, s'il y a un mélange de gaz respiratoire qui a une teneur en oxygène inférieure à votre propre mélange de gaz respiratoire dans cette bouteille de plongée de sécurité, ce n'est **pas** négligeable. Parce que votre ordinateur de plongée calcule pour cette plongée et également pour les plongées répétitives possibles avec vos valeurs préalablement introduites, par exemple avec Nitrox 36. Cependant, dans la bouteille de de sécurité, il peut maintenant y avoir du Nitrox 21, c'est-à-dire de l'air comprimé, ce qui peut affecter négativement votre saturation résiduelle dans le corps, car vous ne respirez pas 64% d'azote (Nitrox 36), mais bien 79% d'azote (air comprimé). De nombreux ordinateurs de plongée ont la possibilité de définir un deuxième gaz respiratoire et de prendre également ce gaz en compte pour la décompression et les plongées suivantes. Si vous faites de telles plongées fréquemment, avec des bouteilles de sécurité à 5 mètres, achetez un tel ordinateur de plongée et apprenez à l'utiliser correctement et à effectuer les réglages corrects.

**Après la plongée, veiller aux points suivants:**

- Noter la plongée dans le LogBook avec toutes les données.

- Noter la pression restante dans le bloc sur le cahier de contrôle et sur l 'autocollant du bloc (par ex. avec du Tape).

- La personne qui remplit l'équipement de plongée doit apposer un nouvel autocollant avec les données correspondantes. Pourcentage d'oxygène, profondeur maximale admissible avec ce mélange, nom du testeur et date du test.

Suivez toujours les directives et les lois applicables dans le pays où vous plongez. Il y a par exemple des pays dans lesquels un mélange de Nitrox fraîchement mélangé ne peut être utilisé que pendant un maximum de 30 jours, ou des pays dans lesquels le codage de couleur de l'équipement de plongée est différent. En cas de doute, demandez à votre superviseur ou instructeur de centre de plongée.

Si vous plongez fréquemment avec Nitrox, même àdans votre contrée, vous devez acheter votre propre analyseur. De cette façon, vous pouvez vous assurer que votre équipement de plongée contient toujours exactement le mélange qui devrait s'y trouver. Respectez les spécifications du fabricant et gardez à l'esprit que le capteur d'oxygène doit également être remplacé de temps en temps (dans les appareils modernes, le capteur dure environ 2 à 3 ans). Gardez toujours à l'esprit que la bonne quantité d'oxygène dans votre mélange de gaz respiratoire est très importante car votre vie en dépend. Il est préférable de vérifier votre mélange de gaz plus d'une fois et de ne pas laisser votre équipement de plongée hors de votre vue après le contrôle.

Gardez une trace de vos plongées au Nitrox afin qu'en cas d'accident, vous puissiez comprendre avec quoi vous plongiez et pourquoi l'accident aurait pu se produire

## IDA Nitroxplaner

| Nom, Prénom: | |
|---|---|
| Date/ Heure: | |
| Lieu: | |
| Site de plongée: | |
| Nom, Prénom compagnon: | |
| Nom, Prénom compagnon: | |

| Données planifiées | |
|---|---|
| % CNS $O_2$ avant plongée: | % CNS $O_2$ = |

| Indice saturation/ Intervalle | S: | | Interv.: |
|---|---|---|---|
| Mélange Nitrox (%$O_2$): | $fO_2$ = | | $fN_2$= |
| Valeur $O_2$ mesurée : | $O_2$ % = | | |
| Gquantité mélange (NL): | P x V = pression x volume bloc = | | |
| Pression partielle $O_2$-max (bar): | $pO_2$ max = | | |
| Profondeur max. (MOD): | P = $pO_2$ max / $fO_2$ = | | MOD = |

| Planification plongée / Réalisé | | |
|---|---|---|
| | Planifié | Réalisé |
| Profondeur max. : | | |
| Profondeur équivalente air (EAD): | | |
| Temps de plongée : | | |
| Consommation (NL): | | |
| Decompression: | | |
| CNS $O_2$ % - Total: | | |
| CNS $O_2$ % - de la plongée: | | |
| Signature | | |

De nombreux centres de plongée qui proposent des mélanges de gaz EAN conservent également un journal de remplissage, qui contient des données spéciales relatives à l'équipement de plongée rempli. Si vous récupérez un appareil de plongée fraîchement rempli avec le mélange de gaz correspondant à votre profondeur de plongée, vous devez souvent en accuser réception. Cette signature sert principalement à la sécurité de la personne qui a rempli votre équipement de plongée et d'autre part à votre propre sécurité. Car le cas échéant, le numéro de série ou un numéro d'inventaire de l'équipement de plongée qui vous est attribué par le centre de plongée est également inscrit sur la feuille de contrôle. Ceci afin d'éviter que l'équipement de plongée ne soit accidentellement échangé. Vérifiez à la fois ce numéro et le contenu de l'équipement de plongée (analyse de gaz) avant de signer la feuille de remplissage. Sur la page suivante, vous trouverez un exemple de fiche IDA.

Je confirme par la présente, _____, Registre Nitrox

Prénom , Nom

Que j'ai reçu l'équipement de plongée N°: _____

numero de serie ou d'inventaire de l'équipement


le _____ a subi une analyse du gaz respiratoire

Date

J'ai reçu l'équipement le _____ de

Date

_____

Nom du centre de plongée / de l'Instructeur

j'ai effectué une analyse de gaz de _____ % d'oxygène

Le mélange a été fait par _____

 Nom du préparateur de gaz

étiqueté comme Nitrox _____

fraction d'oxygène

Avec ce mélange, je peux plonger à une profondeur

maximale de _____ mètres.

La pression de remplissage du bloc est de_____ bar.

_____  _____

Prénom et Nom du plongeur                          Signature

Donc, c'est tout pour le moment. Maintenant, vous pouvez commencer et gagner de l'expérience. Prenez soin de vous et ayez le courage d'arrêter une plongée ou de ne pas aller à l'eau si vous ne vous sentez pas bien. Un bon partenaire de plongée comprend cela. La sécurité doit toujours être respectée.

**Remerciements!**

Je voudrais en cette occasion remercier les amis suivants d'avoir lu mon travail à plusieurs reprises, afin que je puisse être sûr que je l'ai écrit de façon professionnelle et ne vous ai pas raconté des bêtises. Je remercie tout particulièrement mon amie Karen d'avoir accepté ma minutie intuitive et de l'avoir guidée dans les voies appropriées. L'attachement au détail a toujours été mon ami ou mon ennemi. ☺

Karen Fink, plongeuse IDA et modèle pour les signes manuels de plongée,

Thomas Freudenberg, chef du jury d'examen et de formation des instructeurs IDA (BEE), Breveté supérieur de navigation et instructeur de plongée de la marine allemande, maître plongeur et membre de l'IHK dans le domaine de la formation des plongeurs professionnels à la plongée commerciale,

Thomas Burkhardt, ancien président du jury de formation et d'examen des instructeurs de IDA

## Qu'est ce que IDA - International Diving Association?

IDA est une association internationale, qui forme des plongeurs et des Instructeurs sur le plan international selon les règles de la CMAS Germany et du R.S.T.C. (Recreational Scuba Training Council). Scuba est un acronyme de „Self Contained Underwater Breathing Apparatus"!

IDA a été fondée en 1996 et tente depuis lors avec beaucoup de succès de réconcilier le "Easy Diving" américain avec "le désir européen (allemand) de la perfection" .
Ce qui, certes, ne réussi pas toujours à 100%.
Néanmoins, IDA a réussi à certifier près de 1 600 instructeurs IDA dans le monde entier, qui forment et évaluent des plongeurs conformément aux directives de IDA.
IDA est un partenaire de CMAS Germany et un membre de R.S.T.C. Ces deux organisations couvrent environ 90% du marché international de la formation à la plongée avec leurs associations membres, et vous garantissent la possibilité d'apprendre à plonger en toute sécurité et d'en profiter pendant de nombreuses années.

# Annexes

Voici un extrait des **recommandation pour la constitution des palanquée** de IDA:

Seuls les binômes autorisés sont mentionnés.

## Open Water Diver ou Plongeur *

avec un

| | |
|---|---|
| Advanced Open Water Diver | jusqu'à 18 Mètres de profondeur |
| Pongeur ** | jusqu'à 20 Mètres de profondeur |
| Master Scuba Diver | jusqu'à 20 Mètres de profondeur |
| Plongeur *** et brevet plus élevé | jusqu'à 40 Mètres de profondeur |

## Junior Open Water Diver

avec un

Guide de plongée et/ou brevet plus élevé (Assistant Instructeur ou Instructeur) jusqu'à 8 Mètres de profondeur

En règle générale, conformément à la recommandation de IDA et en fonction de l'âge, les profondeurs maximales suivante sont d'application:

| | |
|---|---|
| **8 – 10 ans** | **5 Mètres** |
| **10 – 12 ans** | **5 Mètres** |
| **12 – 16 ans** | **12 Mètres** |
| **16 – 18 ans** | **25 Mètres** |
| **à partir 18 ans** | **40 Mètres** |

**Glossaire:**

**Règle des 50 bar**

50 bars de pression résiduelle sont gardés essentiellement
comme réserve de sécurité

**40m**

Profondeur limite de plongée sportive

**Plongée sans palier**

IDA recommande les plongées sans palier

**Vitesse de descente**

max. 30 m / min.

**Palier de sécurité**

palier de 3 Minutes à 5 mètre à effectuer à chaque plongée
plus profonde que 5 mètres

**Intervalle de surface**

IDA recommande un intervalle de surface de 2 heures
minimum entre plongées

**Plongée successive**

IDA recommande maximum deux plongées par jour

**Ordre des plongées**

IDA recommande d'effectuer d'abord la plongée le plus
profonde

**Phase de compression**

Augmentation de la pression lors de la descente

**Phase d'Isopression**

La pression reste fixe, le plongeur reste à la même profondeur

**Phase à pression variable**

Le changement de pression ambiante correspond au profil

de plongée réel

**Phase de décompression**

Diminution de la pression lors de la remontée

**Temps sans palier**

Le temps pendant lequel on peut rester à une profondeur donnée

sans être obligé d'effectuer un ou des paliers de décompression

obligatoires.

**Temps fond**

Le temps depuis le début de la descente jusqu'à la remontée

**Durée de la remontée**

Le temps, depuis le début de la remontée jusqu'à le sortie

en surface, paliers de décompression inclus

**Temps de remontée**

Le temps qui est nécessaire pour la remontée seule sans les,

paliers de décompression

**Palier de décompression**

Durée de séjour à une certaine profondeur pour donner le temps à l'azote de sortir du corps, pour s'adapter à la nouvelle pression

**Intervalle de temps en surface**

Le temps entre deux plongées

**No Fly Time**

le temps à respecter entre la dernière plongée et un vol en avion car dans la cabine de l'avion, règne une pression atmosphérique réduite, qui en cas extrême peut mener à un accident de décompression. Pour des raisons de sécurité, ce temps doit être de plus de 24 heures.

**TL**

Abréviation pour „Instructeur" (Allemand : Tauchlehrer)

**Assi**

Abréviation pour Assistant-Instructeur

**Recompression humide**

Remettre en pression un plongeur accidenté en le faisant plonger à nouveau

## Déclaration sur l'état de santé (confidentiel)©by IDA

Veuillez lire attentivement tous les points et y répondre honnêtement avant de signer le formulaire. La plongée est un sport qui nécessite une bonne forme physique et une excellente santé. La bonne réponse à ces questions est nécessaire pour que votre instructeur puisse évaluer si vous êtes apte à la plongée. Avec votre signature, vous libérez de toute responsabilité en ce qui concerne votre état de santé tous les collaborateurs, ainsi que le ou les opérateurs de la base ou des écoles de plongée. Veuillez noter que l'association de plongée IDA vous recommande de consulter un médecin avant la première plongée, celui ci examinera votre aptitude à la plongée. Ce formulaire sert uniquement à vous permettre de plonger si vous êtes en bonne santé et qu'aucun médecin qualifié n'est disponible. Si votre état de santé change pendant la durée du cours ou pendant les plongées, vous êtes tenu d'en informer immédiatement la direction du centre de plongée. Vous ne pouvez plonger que si vous êtes en bonne santé, ou par exemple, si votre diabète est bien sous contrôle. Les personnes souffrant de maladie cardiaque ou de rhume ne devraient pas plonger, de même que les personnes sous l'influence de médicaments, d'alcool ou d'autres drogues. Les personnes ayant un excès de poids ou un poids insuffisant ne sont pas adaptées à la plongée sous-marine, sauf décision contraire d'un médecin. Les erreurs en plongée ainsi que la manipulation du matériel de plongée pouvant avoir de graves conséquences sur la santé, vous êtes obligés de plonger exclusivement sous la direction et sur les conseils d'un instructeur qualifié, d'un assistant instructeur ou d'un guide de plongée. Si vous souhaitez des explications sur les questions ci-dessous, veuillez contacter votre instructeur avant de répondre aux questions

.

48

Veuillez répondre aux questions suivantes par écrit avec un « oui »
ou un « non ». Votre instructeur décidera s'il peut vous laisser
plonger. Si vous répondez «oui» à l'une des questions, vous
devriez consulter un médecin avant de plonger.

## Questionnaire médical pour plongeurs

### Pour le participant:

Les questions suivantes devraient préciser si vous devez être examiné par un médecin avant de plonger. Si vous répondez «oui» à l'une des questions, cela ne signifie pas que vous n'êtes pas autorisé à plonger, mais votre instructeur décidera ensuite de vous laisser plonger ou de vous envoyer chez un médecin pour examen. En cas de doute, vous devriez consulter un médecin. Veuillez prendre votre temps pour répondre aux questions ci-dessous.

### Avez vous ou avez vous eu....

Asthme, difficultés respiratoires ou problèmes respiratoires pendant l'exercice..............................................................

Rhume des foins ou
allergies ......................................................................

Rhumes commun, problèmes avec les sinus ou
bronchite...............................................................

Une maladie pulmonaire (par exemple :
Pneumothorax)...........................................................

Une déchirure du poumon ...............................................

Blessure ou opération dans la région du
thorax....................................................................

Porter un stimulateur cardiaque ......................................

Souffrez vous de problèmes psychiques (Paniques, peur des

espaces restreints)......................................................

Souffrez vous de problèmes neurologiques............................

Souffrez vous d'une maladie chronique............................

Souffrez vous d'épilepsie ou d'autres attaques...................

Souffrez vous souvent de migraines ou maux de tête................

Avez vous déjà perdu connaissance....................

Souffrez vous du mal des transports (Auto ou bateau)...............

Souffrez vous de diarrhée grave ou de déshydratation ...............

Avez vous déjà eu un accident de plongée (par ex.. accident de décompression)................................................................

Avez-vous des problèmes en activité physique? .......................

Avez vous eu ces 6 dernières années un traumatisme crânien avec perte de connaissance..........................................................

Souffrez vous de problèmes de dos récurrents ..............

Etes vous (evtl.) enceinte..............................................

Prenez vous régulièrement des médicaments (prophylaxie du paludisme, „Pillule")....................................................

Etes vous fumeur....................................................................

Etes vous sous surveillance médicale....................................

Souffrez vous d'un cholestérol élevé .......................

Avez-vous déjà eu un infarctus ou un AVC .......

Avez vous un membre de votre famille qui a eu un infarctus ou un AVC ................................................

Souffrez vous du diabète..................................................

Avez-vous subi une opération à la colonne vertébrale ou dans la région du dos.........................................................................

Avez-vous des problèmes dus à des interventions chirurgicales aux bras ou aux jambes ................................................

Souffrez vous de trouble de la tension artérielle ou prenez des médicaments pour le combattre ........................................

51

Souffrez vous de problème de circulation (Thrombose)..............

Souffrez vous d'une maladie de coeur (Angine de poitrine.)........

Avez-vous déjà subi une intervention chirurgicale au coeur ou sur un vaisseau sanguin? ..............................................................

Souffrez vous de vertiges ou d'une perte auditive ...................

Avez-vous déjà été opéré des sinus ?..............................................

Avez vous déjà été opéré des oreilles ?........................

Avez vous des problèmes d'oreille..........................................

Avez-vous un intestin artificiel .............................................

Prenez vous des suppléments pour sportifs .......................

Avez-vous déjà été traité pour toxicomanie (y compris pour l'alcool) ...........................................................................

Avez-vous déjà eu une déchirure des tissus mous (hernie inguinale, hernie)................................................................

Avez vous des problèmes sanguins..................................

Avez vous subit une intervention chirurgicale dans les 6 dernières semaines ?....................................................................

Avez-vous un ulcère d'estomac aigu ....................................

Avez vous des problèmes d'équilibrage..........................

Avez vous de la fièvre...............................................

Si vous souffrez actuellement des maladies ou des affections suivantes, vous **ne** pouvez **pas** plonger. Ceci s'applique également si ces conditions ou maladies surviennent pendant le cours de plongée ou les vacances.

Problème d'équilibrage

Rhumes, inflammation des sinus

Tout type de problèmes respiratoires (Bronchite, rhume des foins)

Ulcère à l'estomac

Sous influence de n'importe quelle drogue (aussi alcool)

**Grossesse**

Fièvre

Vertiges

Nausée, vomissements, mal de mer

Diarrhée, déshydratation

Migraine ou fort mal de tête

Intervention chirurgicale de tout type effectuée au cours des 6 dernières semaines

J'ai soigneusement lu, compris et rempli la liste ci-dessus aujourd'hui...................,. Donc, je suis sûr que je suis apte à la plongée. Mon instructeur m'a dit que si j'ai répondu «oui» à l'une de ces questions, je devrais consulter un médecin ou demander un avis médical. Je déclare avoir répondu honnêtement au questionnaire et avec exactitude

Nom, prénom:...............................................................

Adresse:......................................................................

Date et lieu de naissance:...............................................

Signature:....................................................................

Signature d'un parent / tuteur pour les

mineurs:......................................................................

Notes :

Notes :